AF326282

DECLARATION DV ROY, PORTANT

confirmation des immunitez en faueur des Ecclesiastiques : Auec defenses de les comprendre à l'aduenir aux roolles des tailles, eux, leurs commis & Fermiers, pour raison de leurs biens, domaines & autres reuenus de leurs Benefices. Et au cas qu'ils y eussent esté compris, qu'ils en seront rayez. *Du mois de Mars 1635.*

A PARIS,

Chez ANTOINE VITRAY, Imprimeur ordinaire du Roy, & du Clergé de France.

M. DC. XXXVI.

Auec Priuilege du Roy.

DECLARATION

du Roy, portant confirmation des immunitez, en faueur des Ecclesiastiques, auec defenses de les comprendre à l'aduenir aux roolles des tailles, eux, leurs commis & Fermiers, pour raison de leurs biens, domaines & autres reuenus de leurs Benefices. Et au cas qu'ils y eussent esté compris, qu'ils en seront rayez.

LOVIS, par la grace de Dieu, Roy de France & de Nauarre, A tous presens & aduenir, Salut ; Nos amez & feaux les Agens Generaux du Clergé de nostre

Royaume , nous ont faict re-
monstrer que les Ecclesiastiques, à cause de leur qualité &
condition , ont tousiours esté
francs, quittes & immunes de
l'imposition des tailles , Les
Rois nos predecesseurs &
nous , leur en ayant de temps
en temps côfirmé l'exemption
par plusieurs Edicts, Ordon-
nances, Declarations & Contracts faits auec le Clergé: mes-
mes par diuers Arrests de nostre Conseil , interuenus sur la
plainte que quelques particuliers Ecclesiastiques ont faict,
du trouble & empeschement
qu'on leur faisoit , de iouïr de
ladite exemption. Neant-
moins au preiudice desdits
Edicts, Declarations , Arrests

& Contracts, & contre noſtre
vouloir & intention , qui a
touſiours eſté de les proteger,
comme Fils aiſné de l'Egliſe; il
ſemble qu'és Articles xxxij.
xxxiij. & xxxiiij. de noſtre
Edict fait ſur le reglement general de nos tailles, verifié en
noſtre Cour des Aydes à Paris,
au mois d'Auril de l'an 1634.
leurs priuileges & franchiſes
ſoient reuoquez en doute, &
preſque aneantis. En ce que
premierement par le xxxij. ar-
ticle la joüiſſance de leurs priuileges & exemptions à eux
accordées par nos Lettres pa-
rentes & Contracts, ne leur eſt
continuee que iuſques à la fin
de ladite année 1634. s'ils n'ont
nouuelles Lettres de declara-

tion de Nous, & que par les
Articles xxxiij. & xxxiiij. dudit Edict, lesdits Ecclesiastiques ne peuuent faire valoir
par leurs mains qu'vne de
leurs terres & maisons, & pour
tous les autres biens dépen-
dans de leurs Benefices, quoy
que dediez à Dieu, sont decla-
rez taillables en la personne de
leurs Fermiers & Receueurs,
qui sont compris és roolles des
tailles, pour le profit qu'ils
peuuent faire de leurs fermes
& receptes, encores qu'ils
soient demeurans és Villes
franches, & par ainsi lesdits
Ecclesiastiques rendus de pire
condition que les personnes
purement roturieres & natu-
rellemét taillables, en ce qu'ils

ne sont cottisables qu'en vne
façon, & les Beneficiers le se-
roient en deux manieres, dau-
tant qu'ils nous payent tous
les ans les Decimes & autres
subuentions que ledit Clergé
nous a gratuitement accordées: Et pour ces considera-
tions lesdits Agens nous ayans
pour le general dudit Clergé
fait leur plainte, & supplié
tres-humblement, reclamant
nostre pieté & iustice, de
maintenir & conseruer lesdits
Ecclesiastiques qui tiennent
le premier rang dans nostre
Estat, en toutes leurs franchises, priuileges & exemptions,
que leur condition leur a ac-
quis, & esquelles nos Predecesseurs & Nous les auons ius-

ques à present religieusement
maintenus par plusieurs Edits
& Arrests de nostre Conseil.
Nous à ces causes desirans
traitter fauorablement les Ecclesiastiques, & par le soin que
nous apportons de releuer
leurs personnes & leur condition, faire cognoistre le zele
que nous auons pour l'hon-
neur & la gloire de Dieu, au
seruice duquel ils sont parti-
culierement dediez; de nostre
grace speciale, plaine puissan-
ce & authorité Royale, auons
par ces presentes, signées de
nostre main, continué & con-
firmé, continuons & confir-
mons ausdits Ecclesiastiques
toutes & chacunes les exemptions, immunitez, franchises
& pri-

& priuileges, pour le faict des
tailles, à eux donnez & accordez par nos predecesseurs
Roys & nous. Voulons &
nous plaist, qu'ils iouyssent à
tousiours des biens, domaines
& autres reuenus de leurs Benefices, sans qu'eux, leurs
Commis, Receueurs gene-
raux ou particuliers, & Fermiers, nous payent aucune
chose pour la consideration
du profit qu'ils peuuent faire
en leurs fermes & receptes
desdits biens & reuenus des
Benefices, ny qu'ils puissent
estre compris és roolles & de-
partemens de nos tailles: &
s'ils auoient esté compris en
aucuns, Voulons qu'ils en
soient rayez & ostez, demeu-

rans neantmoins lesdits Receueurs & Fermiers contribua-
bles aux tailles pour leurs
biens propres, de mesme façon qu'ils le pourroient estre
s'ils n'estoient Fermiers ou
Receueurs desdits biens Ecclesiastiques, pour raison des-
quels tant seulement, les en
auons excepté & exceptons:
& pour le regard des autres
biens appartenans ausdits Ecclesiastiques par successions
directes & collaterales, dona-
tions & acquests, voulons &
nous plaist qu'il en soit vsé
comme par le passé, suiuant les
Arrests de nostre Conseil, des
2. Octobre 1626. 26. Iuillet de
l'année derniere 1634. & 10.
Mars de l'année presente, no-

nobſtant le contenu és articles
xxxij. xxxiij. & xxxiiij. dudit
Edict & Reglement general,
Arreſt de verification de noſtre Cour des Aydes, & toutes
autres choſes à ce contraires,
auſquelles de nos graces, pou-
uoir & authorité ſuſdite, nous
auons derogé & derogeons.
Si donnons en mandement à
nos amez & feaux, les gens te-
nans noſtre grand Conſeil,
que du contenu aux preſentes
lettres ils faſſent & ſouffrent
leſdits Eccleſiaſtiques, iouyr
& vſer pleinement, paiſible-
ment , & perpetuellement,
ſans en ce leur eſtre faict, mis
ou donné aucun trouble &
empeſchement au contraire,
nonobſtant toutes oppoſi-

tions & appellations quel-
conques, leur en attribuant à
cet effect toute Cour, iurifdi-
ction & cognoiſſance, & icel-
le interdiſant à nos Cours de
Parlement, Cours des Aydes,
& tous autres nos Iuges &
Officiers. Car tel eſt noſtre
plaiſir: en teſmoin de quoy
nous auons faict mettre noſtre ſeel à ceſdites preſentes.
Donné à Paris au mois de
Mars, l'an de grace mil ſix
cens trente-cinq, & de noſtre
regne le vingt-quatrieſme.
Signé, L O V I S. Par le Roy,
DE LOMENYE.

Et ſeellé du grand ſceau, en lacqs
de ſoye, de cire verte.

*Extraict des Registres du grand
Conseil du Roy.*

SVR la Requeste presen-
tée au Conseil, le hui-
ctiesme Iuin 1635. par les
Agents Generaux du Clergé
de France, tendante afin que
les Lettres de Declaration par
eux obtenuës au mois de Mars
1635. pour ioüir des exemptions, immunitez & priuileges à eux accordez par les
Roys, pour le faict des tailles,
sans que leurs Receueurs ou
Fermiers puissent estre impo-
sez aux tailles, pour le profit
qu'ils peuuent faire, à cause
des receptes & fermes des
biens des Ecclesiastiques, mais

seulement pour leurs biens propres, & ainsi qu'ils le pourroient estre s'ils ne tenoient lesdites receptes & fermes, nonobstant les xxxij. xxxiij. & xxxiiij. articles de l'Edict du mois de Ianuier, six cens trente quatre, soient enregistrées és Regiftres dudit Conseil, pour ioüir par ledit Clergé de l'effect & contenu esdites Lettres, selon leur forme & teneur. Veu par le Conseil ladite Requeste, lesdites Lettres, ledit Edict du mois de Ianuier 634. Conclusions du Procureur General du Roy, Le Conseil a ordonné & ordonne, que lesdites Lettres seront enregistrées és Regiftres dudit Conseil, pour ioüir par le-

dit Clergé de France de l'effect & contenu esdites Lettres, ainsi qu'ils en ont bien &
deuëment ioüy cy-deuant, &
auparauant l'Edict du mois de
de Ianuier six cens trente-
quatre.   Le present Arrest a
esté mis au Greffe dudit Conseil, monstré au Procureur General du Roy, & prononcé à
Paris le 29. iour de Iuillet 1635.
Signé,   COLLIER.

*Collationné aux Originaux par moy
Conseiller Secretaire du Roy, Maison
& Couronne de France.*

Extraict du Priuilege du Roy.

LE Roy par ſes lettres patentes, a
permis à Antoine Vitray ſon Imprimeur ordinaire & du Clergé de
France, d'imprimer tous les *Edicts,
Declarations, Lettres patentes, Arreſts,
& autres choſes generalement quels-
conques concernantes les affaires dudit
Clergé*, & ce pour le temps de ſeize
ans. Auec deffences à tous autres de
les imprimer, faire imprimer, contre-
faire, ny d'en vendre d'autre que de
l'impreſſion dudit Vitray, à peine de
trois mil liures d'amende, confiſca-
tion des exemplaires, deſpens, dom-
mages, & intereſts, comme il eſt plus
à plein contenu eſdites lettres don-
nées à Paris le 20. jour d'Aouſt 1635.
Signées par ſa Majeſté en ſon Conſeil,
VICTON.

www.ingramcontent.com/pod-product-compliance
Lightning Source LLC
LaVergne TN
LVHW021505060726
842527LV00006B/2467